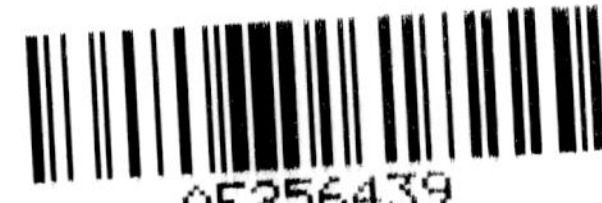

ABC
by
GEO

ISBN #9780996752497
Cover Design by Kayla Himmelberger

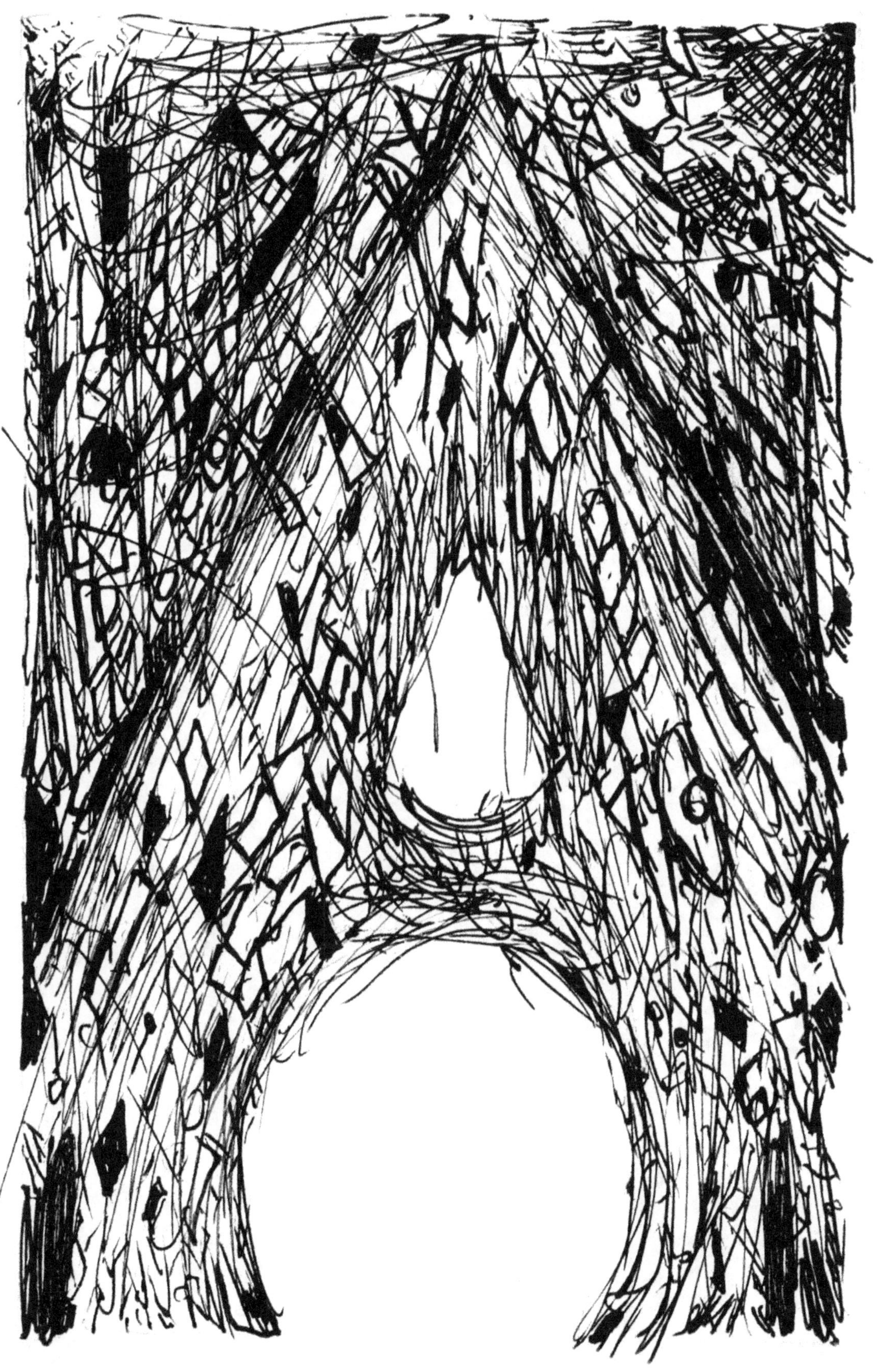

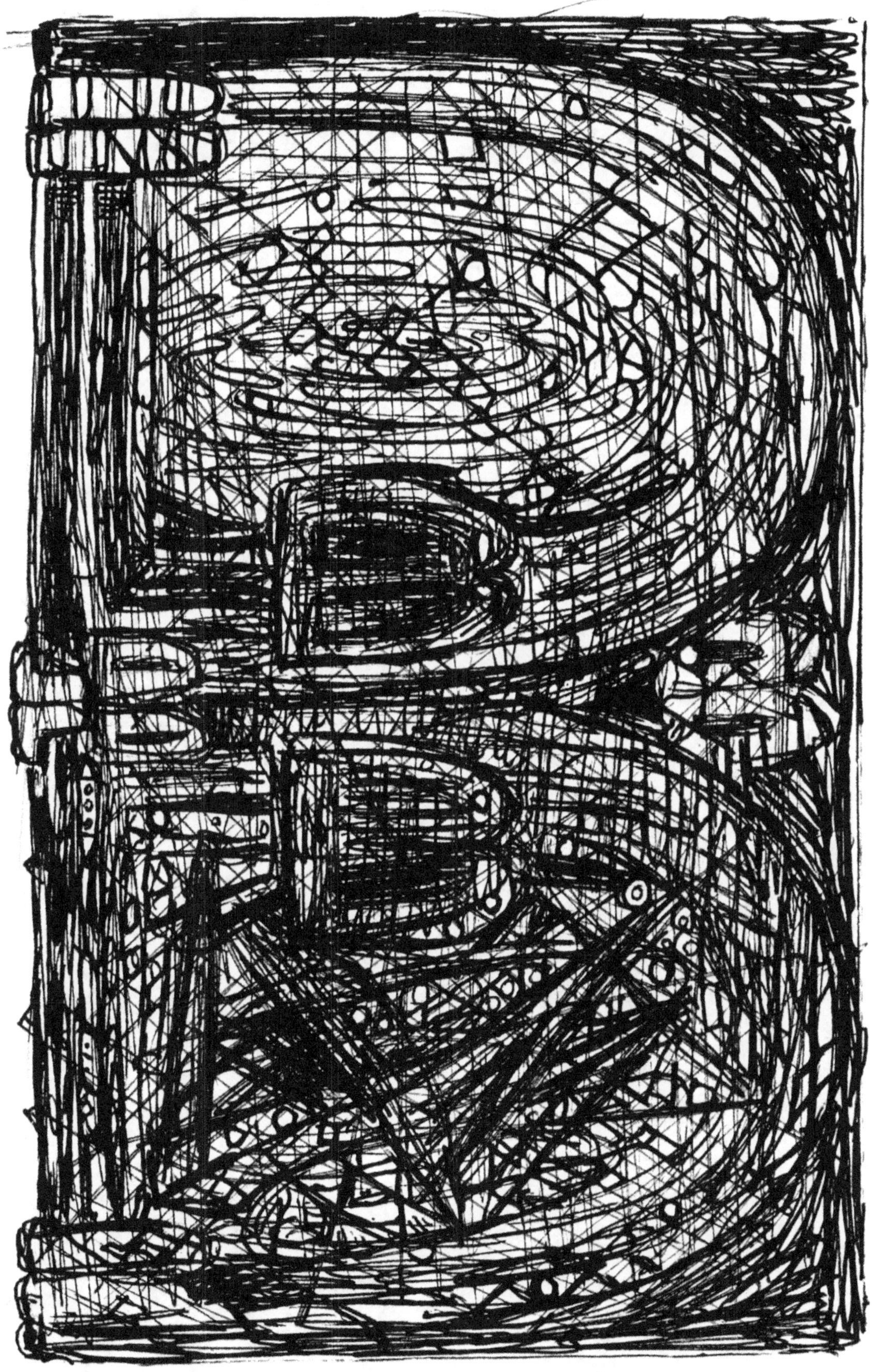

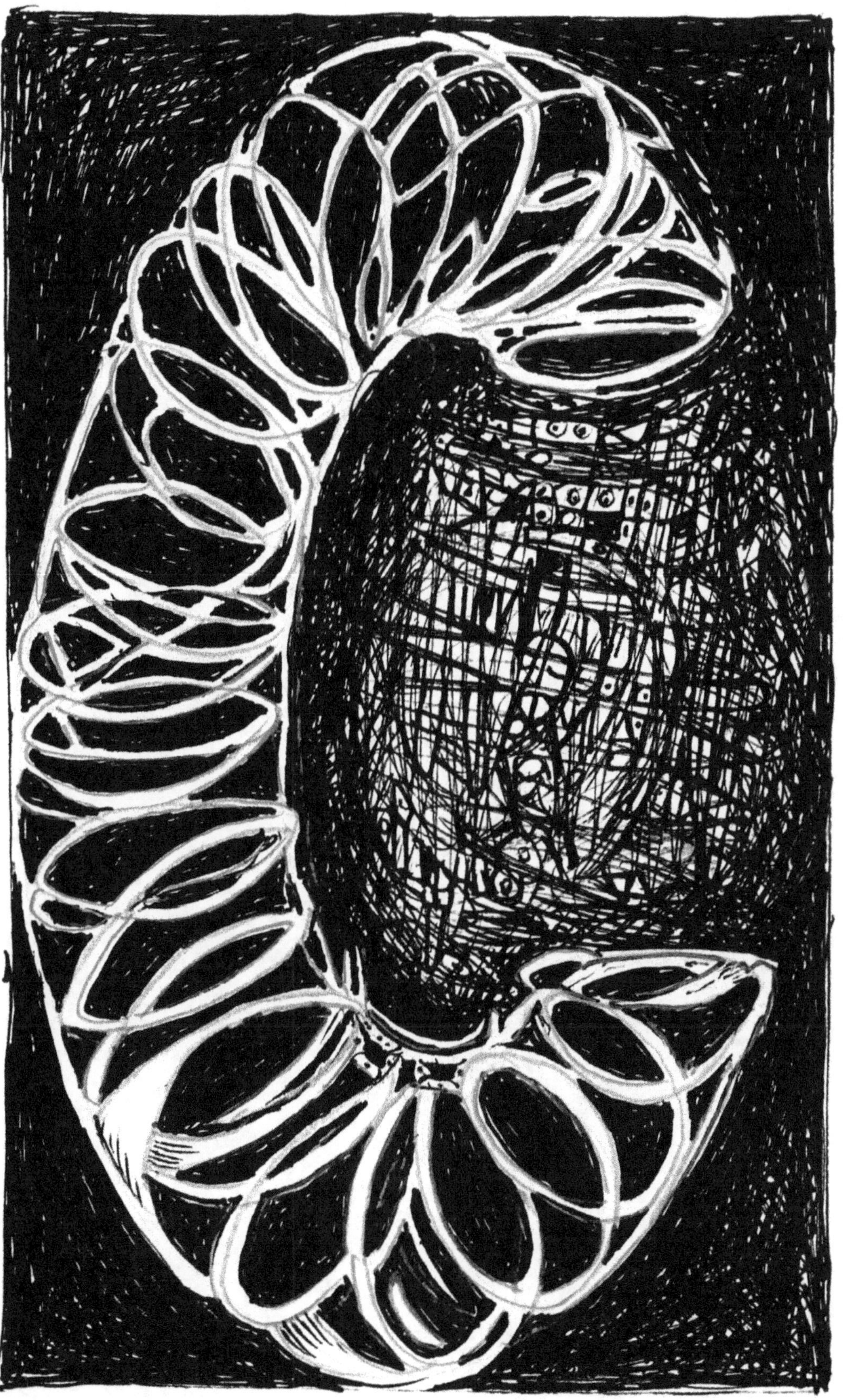

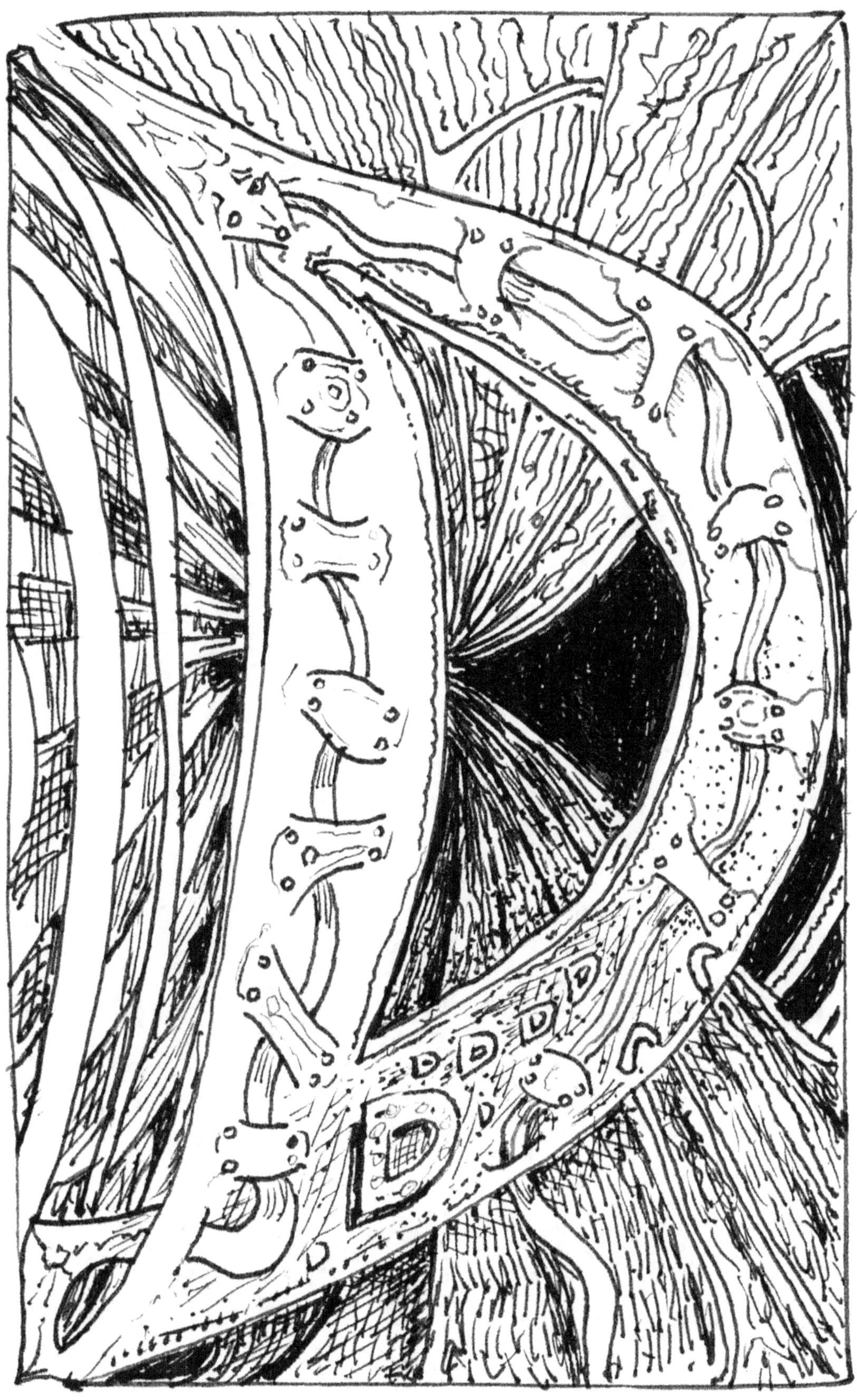

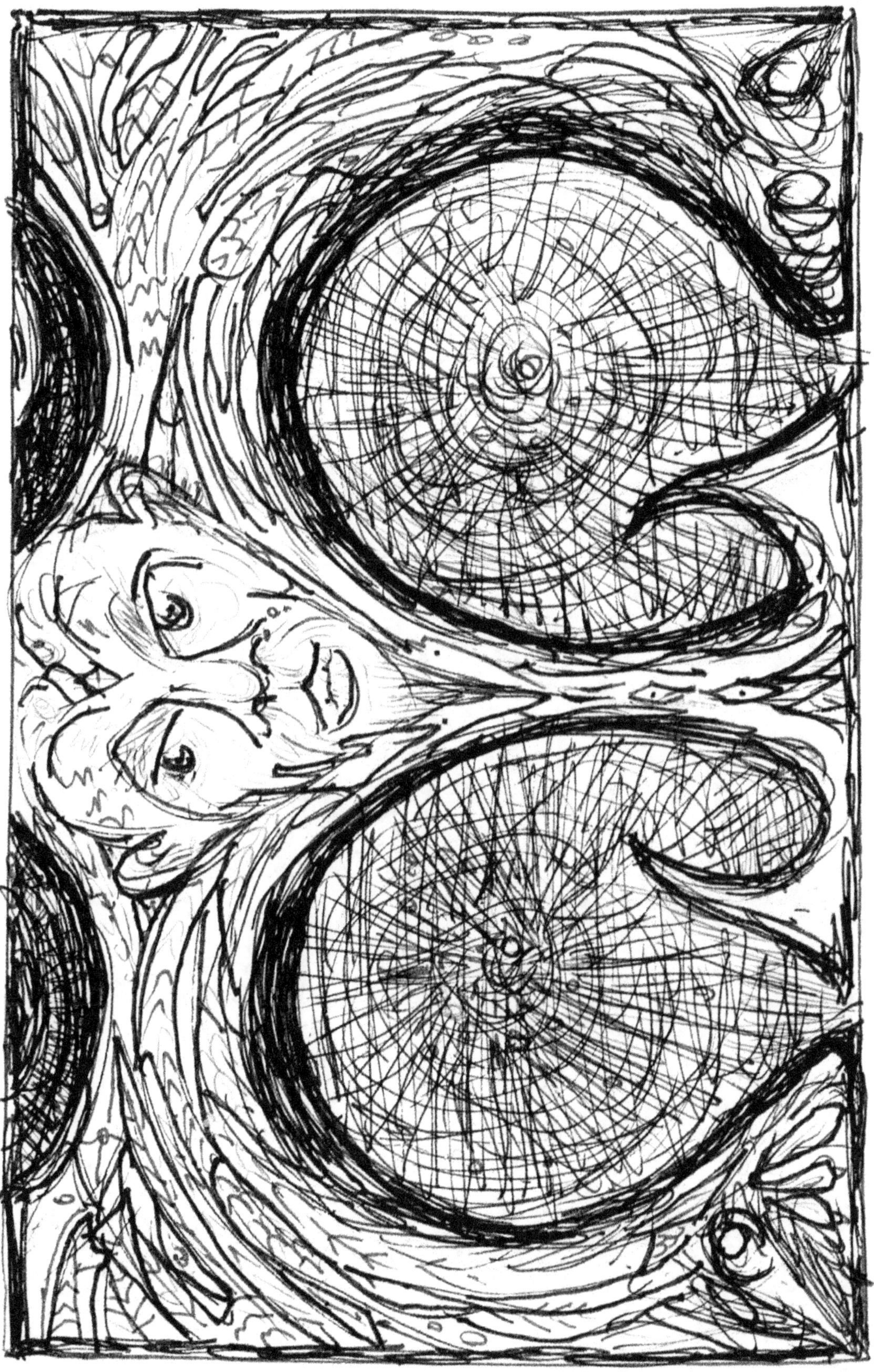

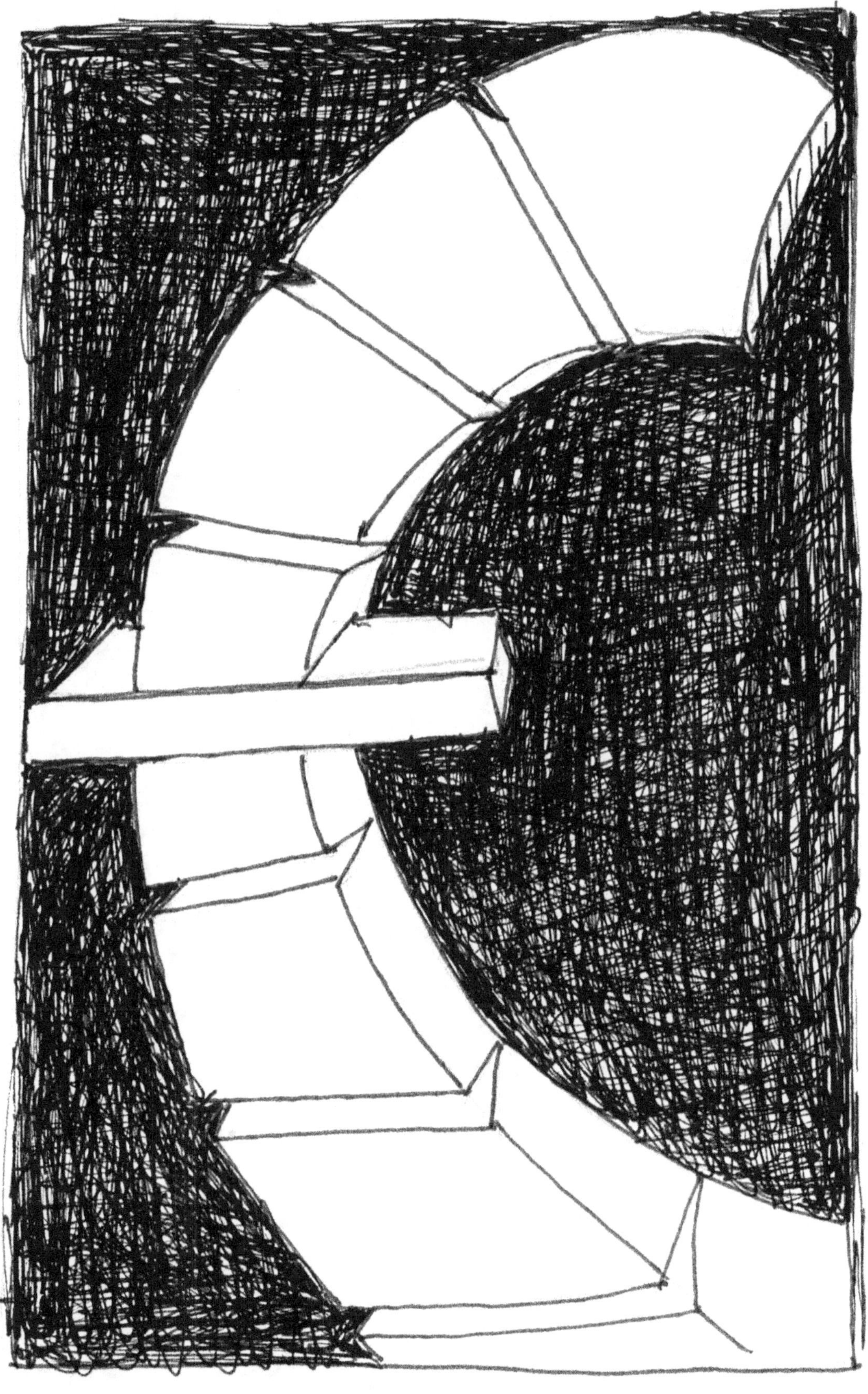

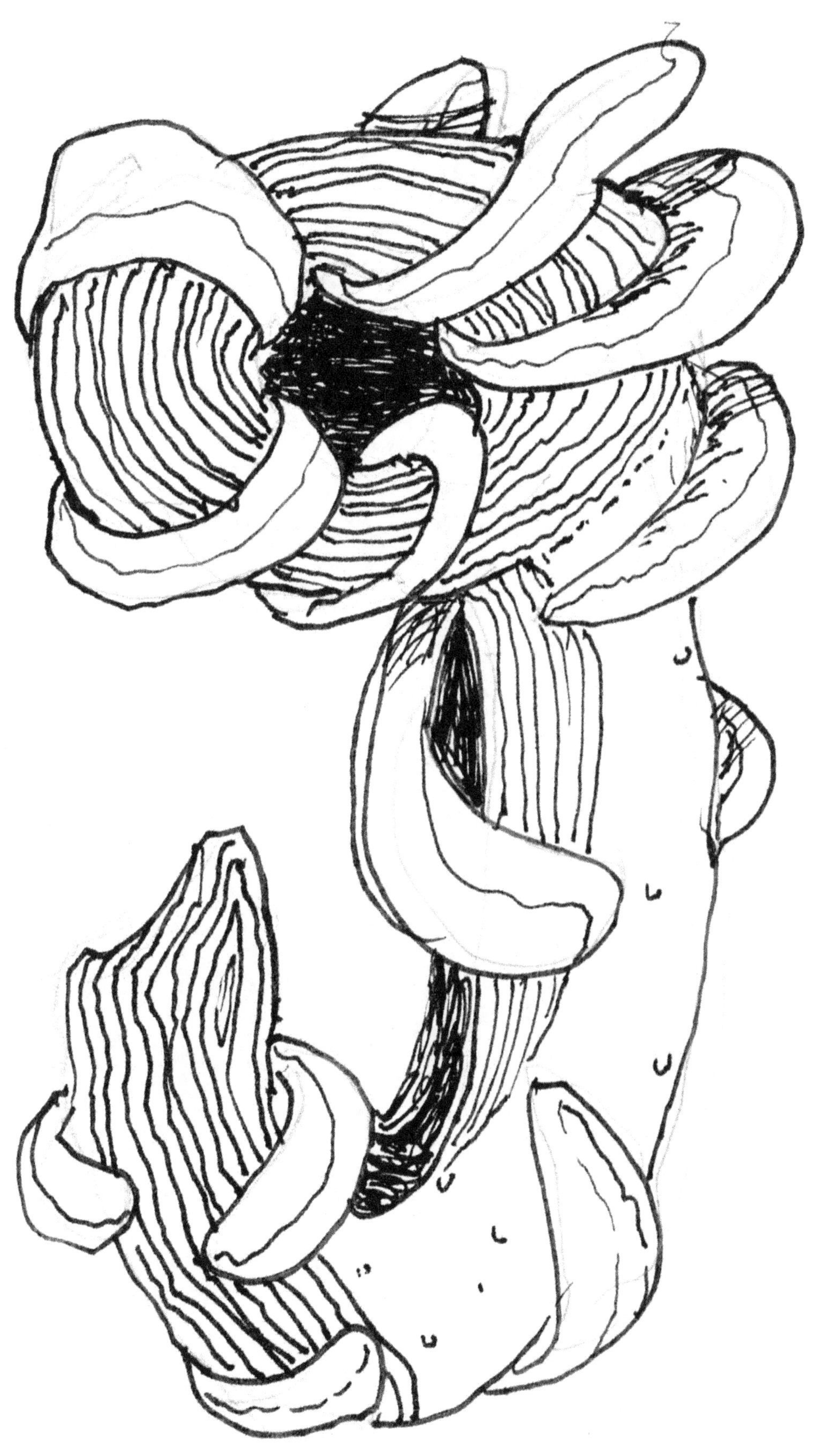

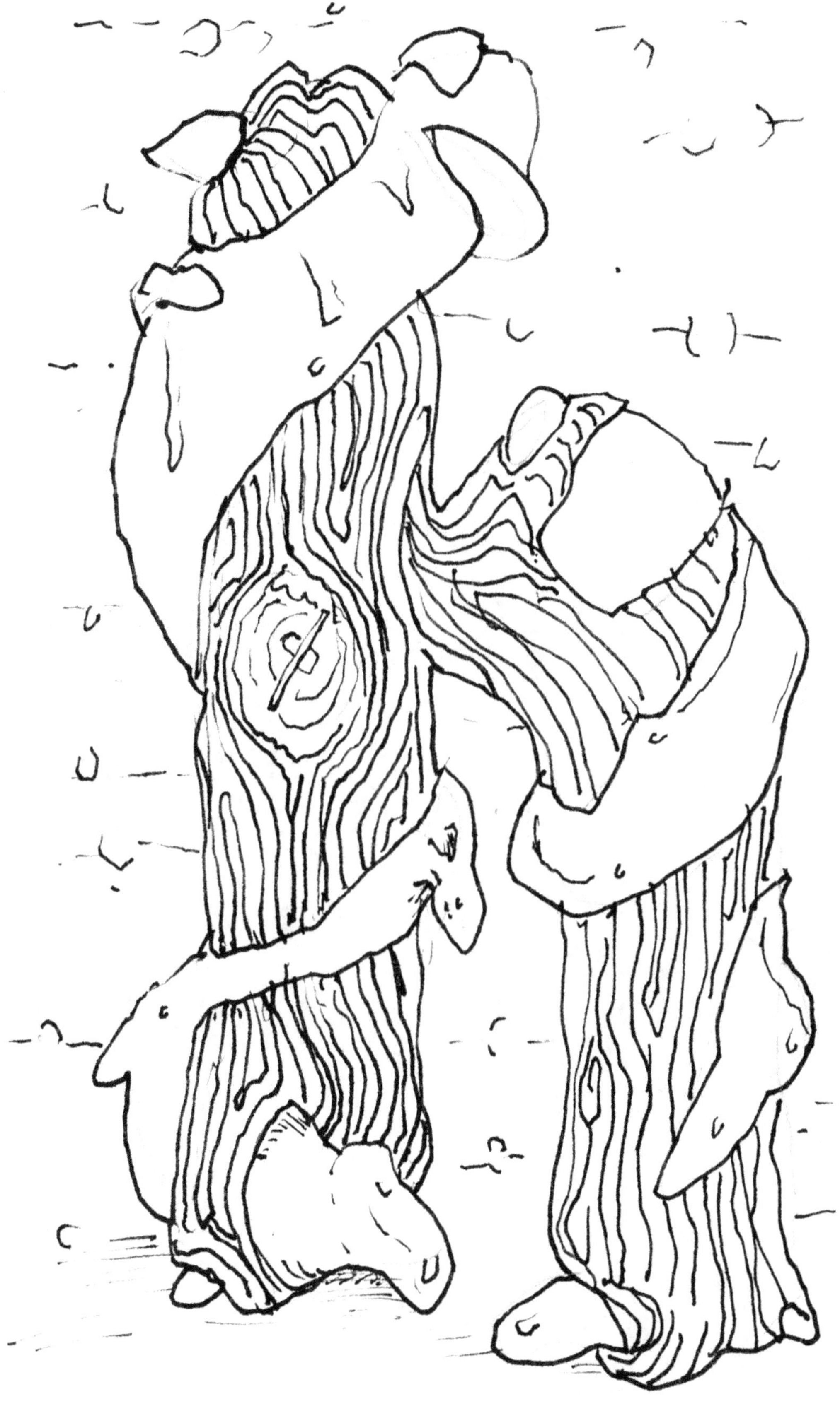

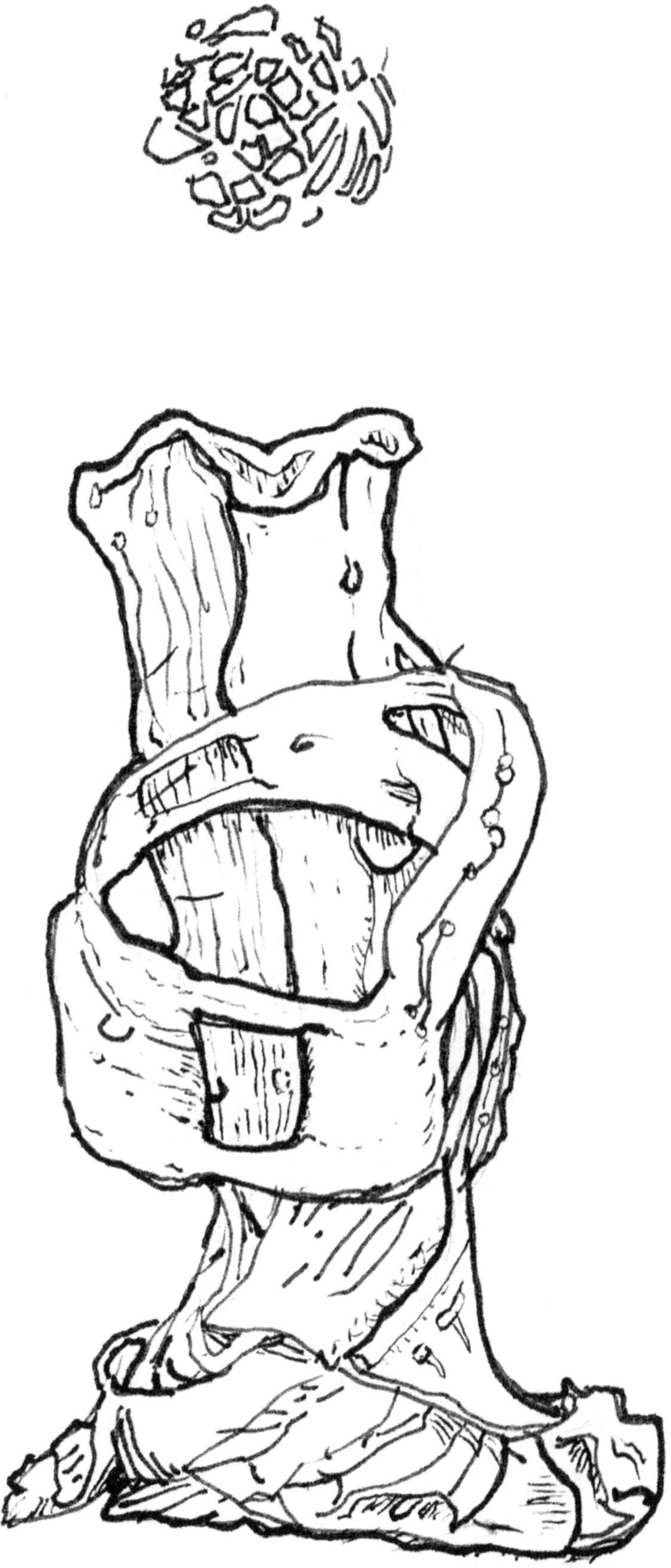

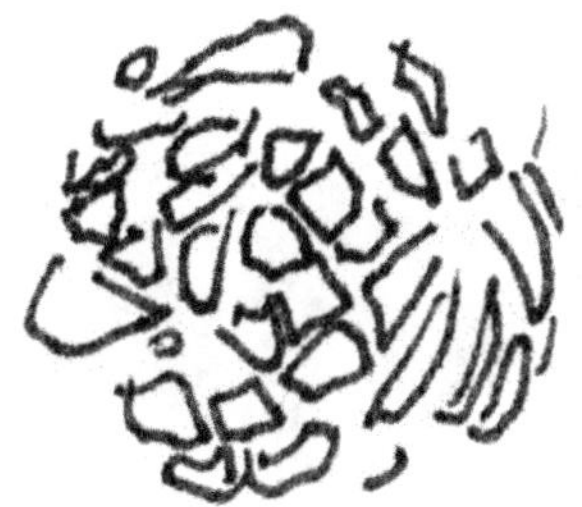

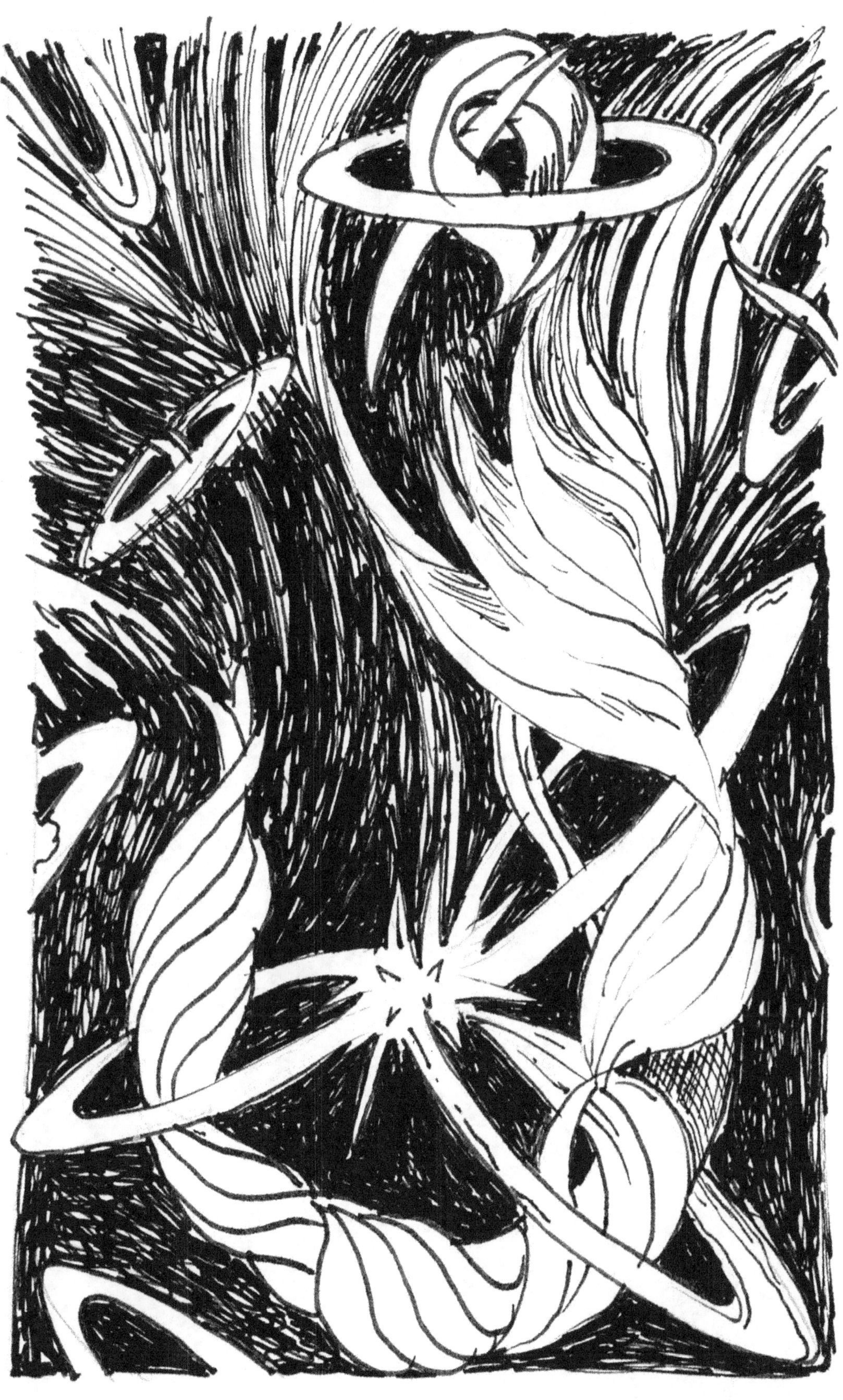

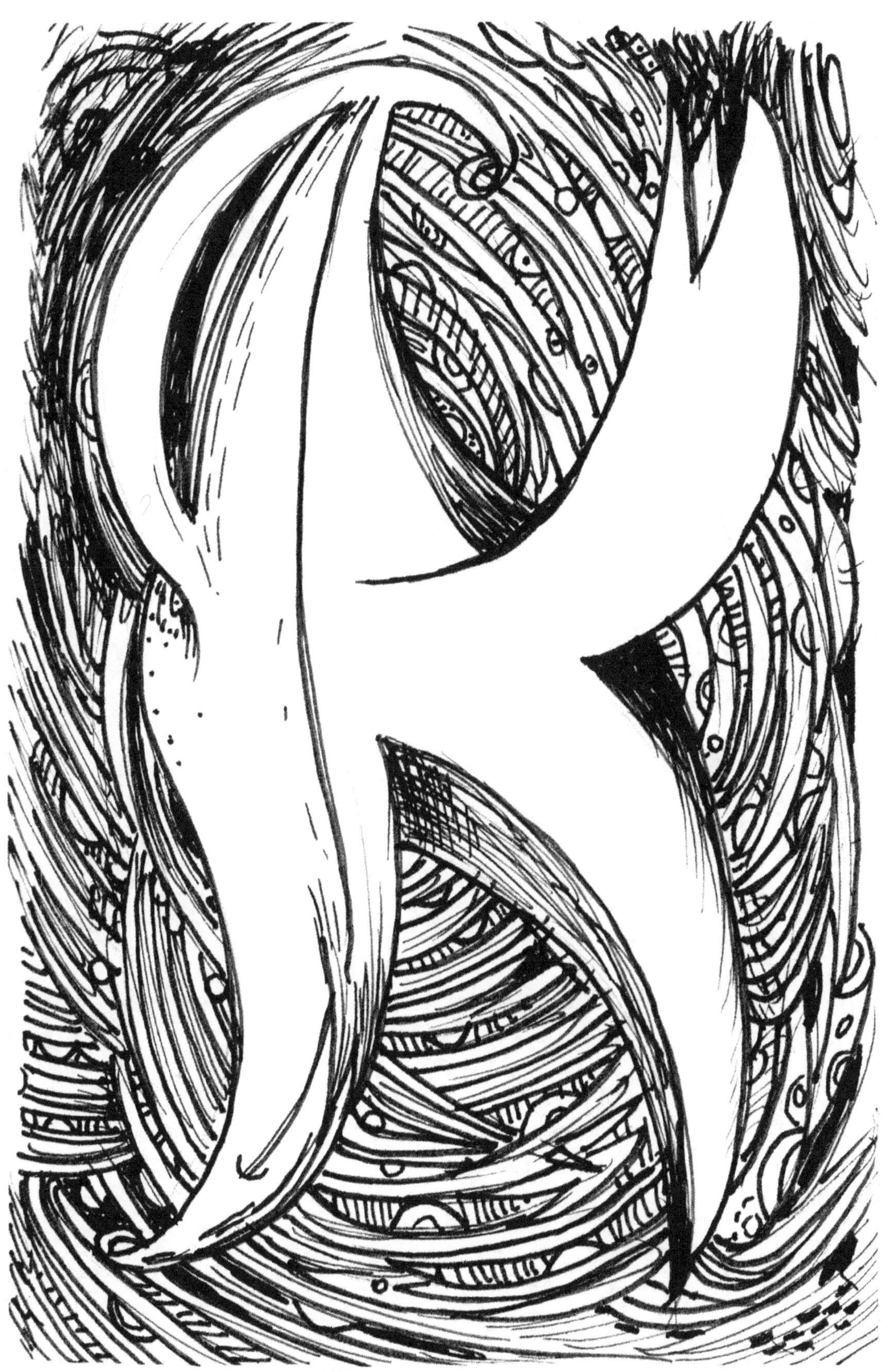

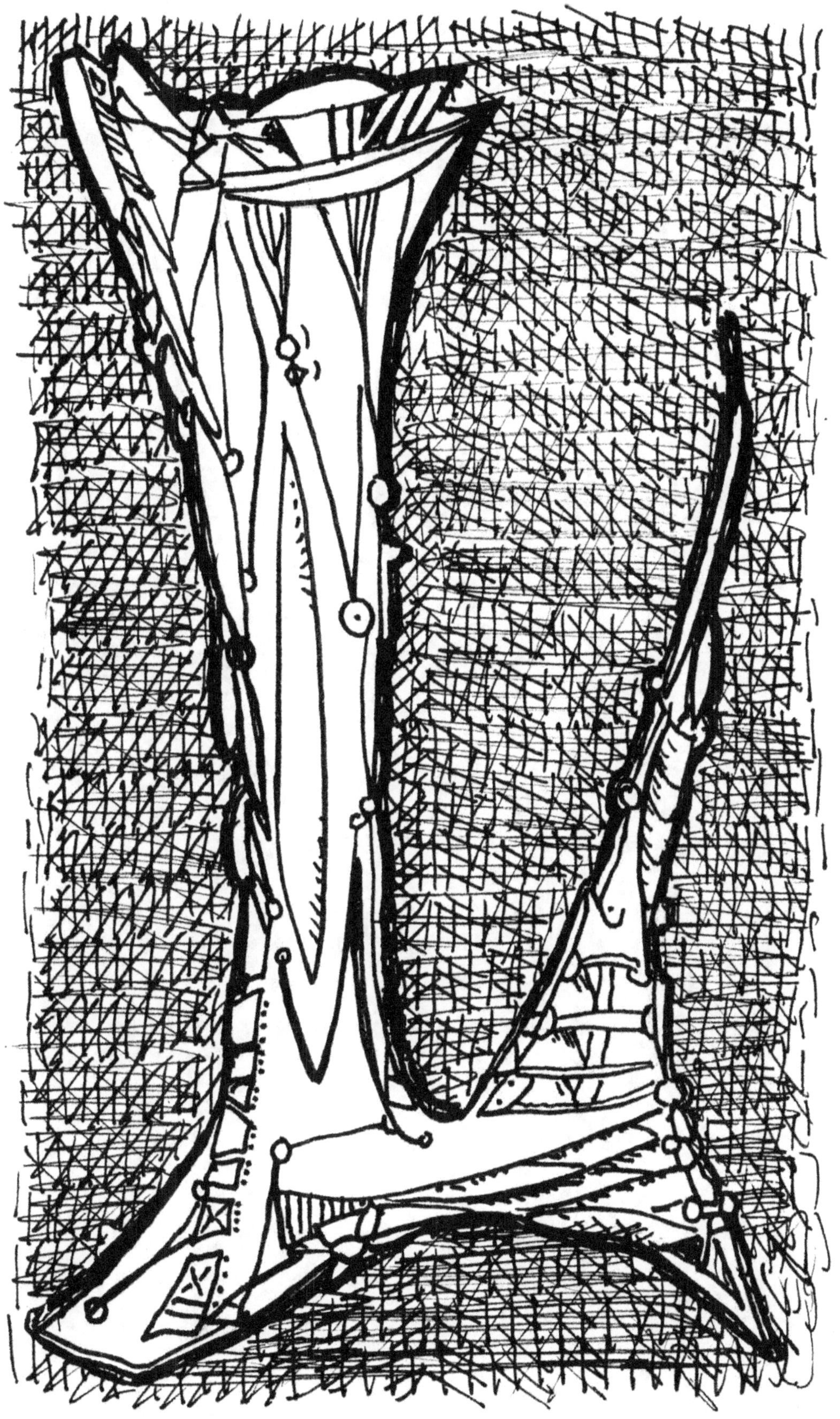

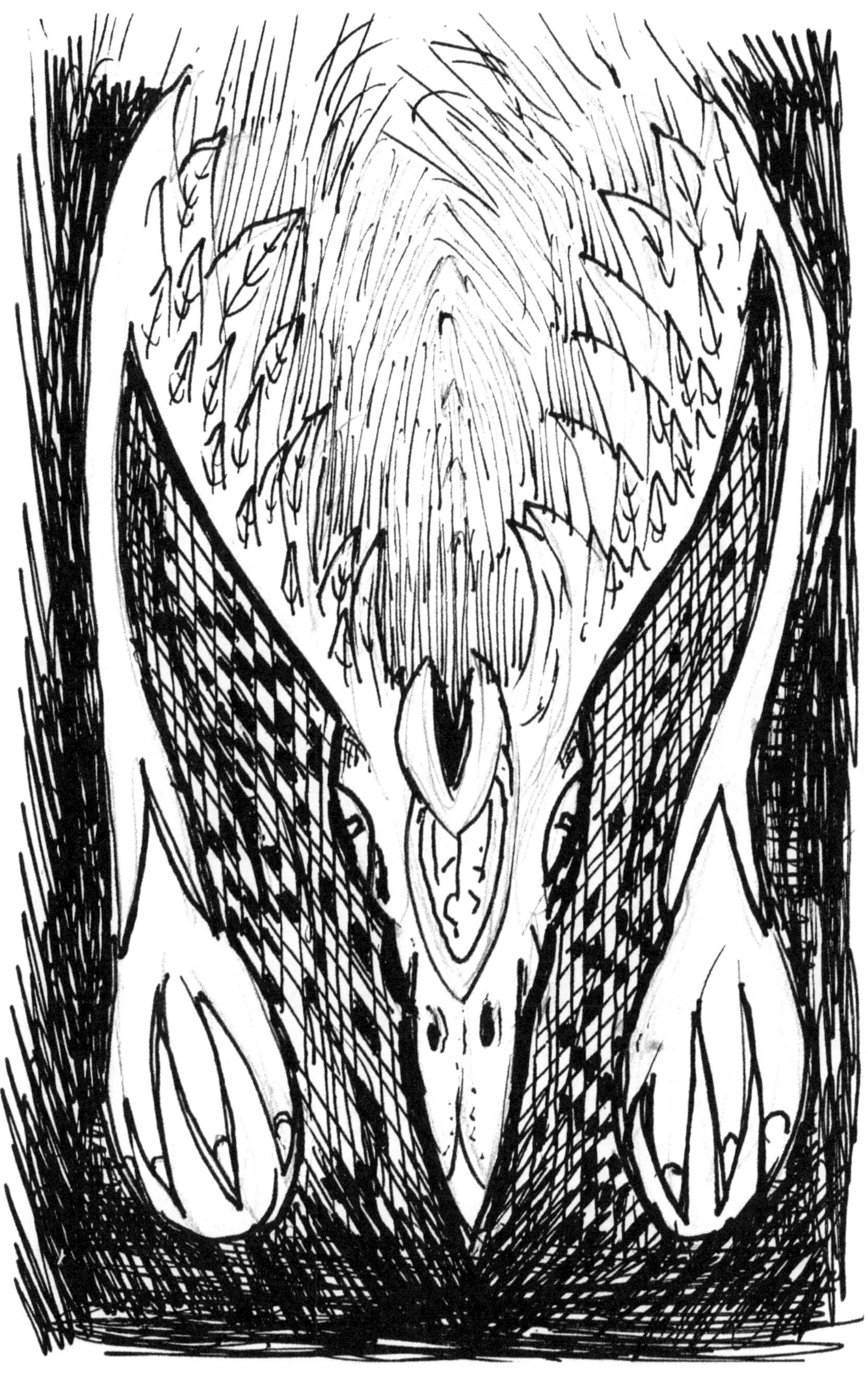

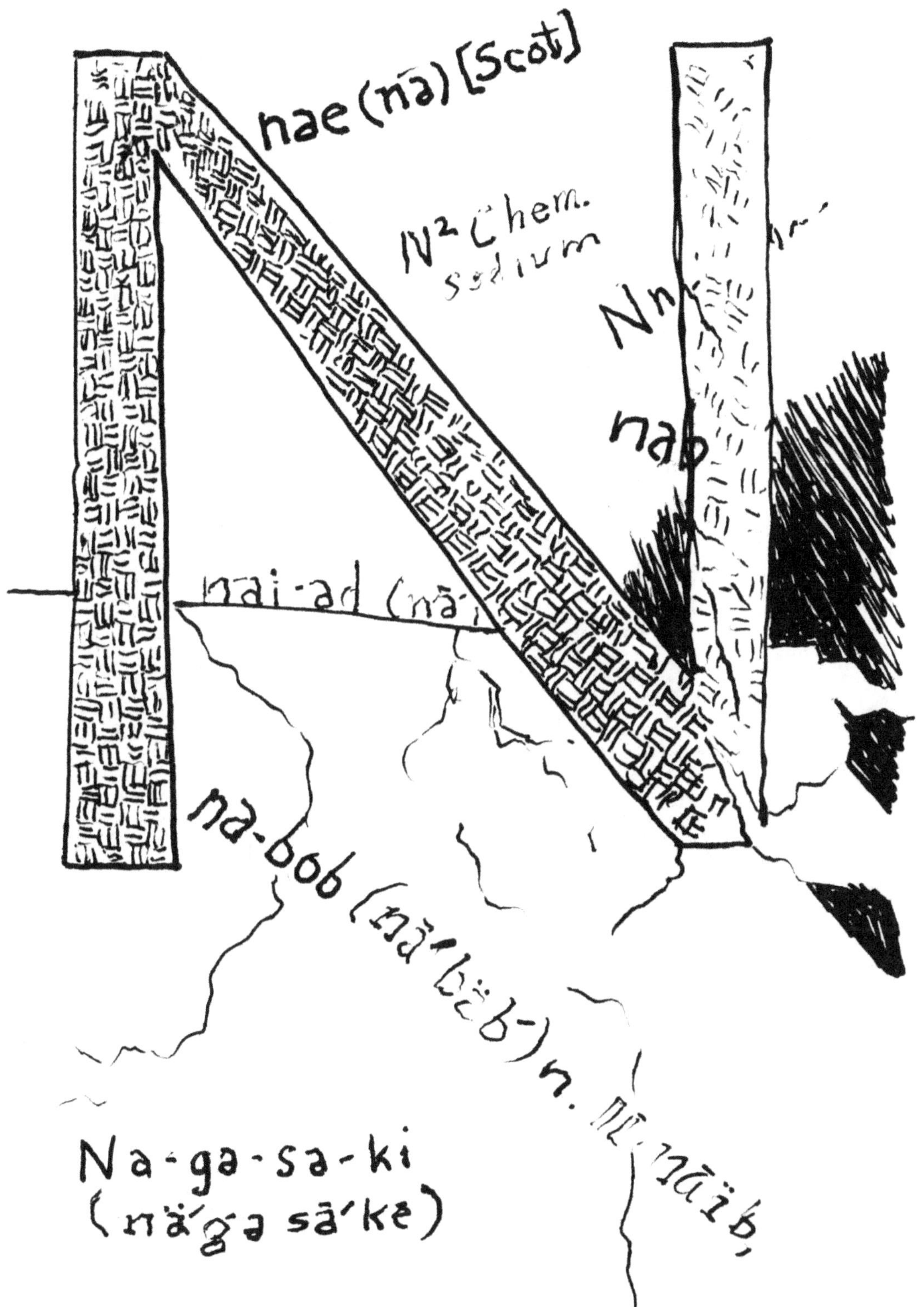

n¹ or N (en) n., pl. n's,
nae (nā) [Scot]
N² Chem.
sodium
Nn
nab
nai-ad (nā'
na-bob (nā'bŏb-) n.
Na-ga-sa-ki
(nä'gə sä'kē)

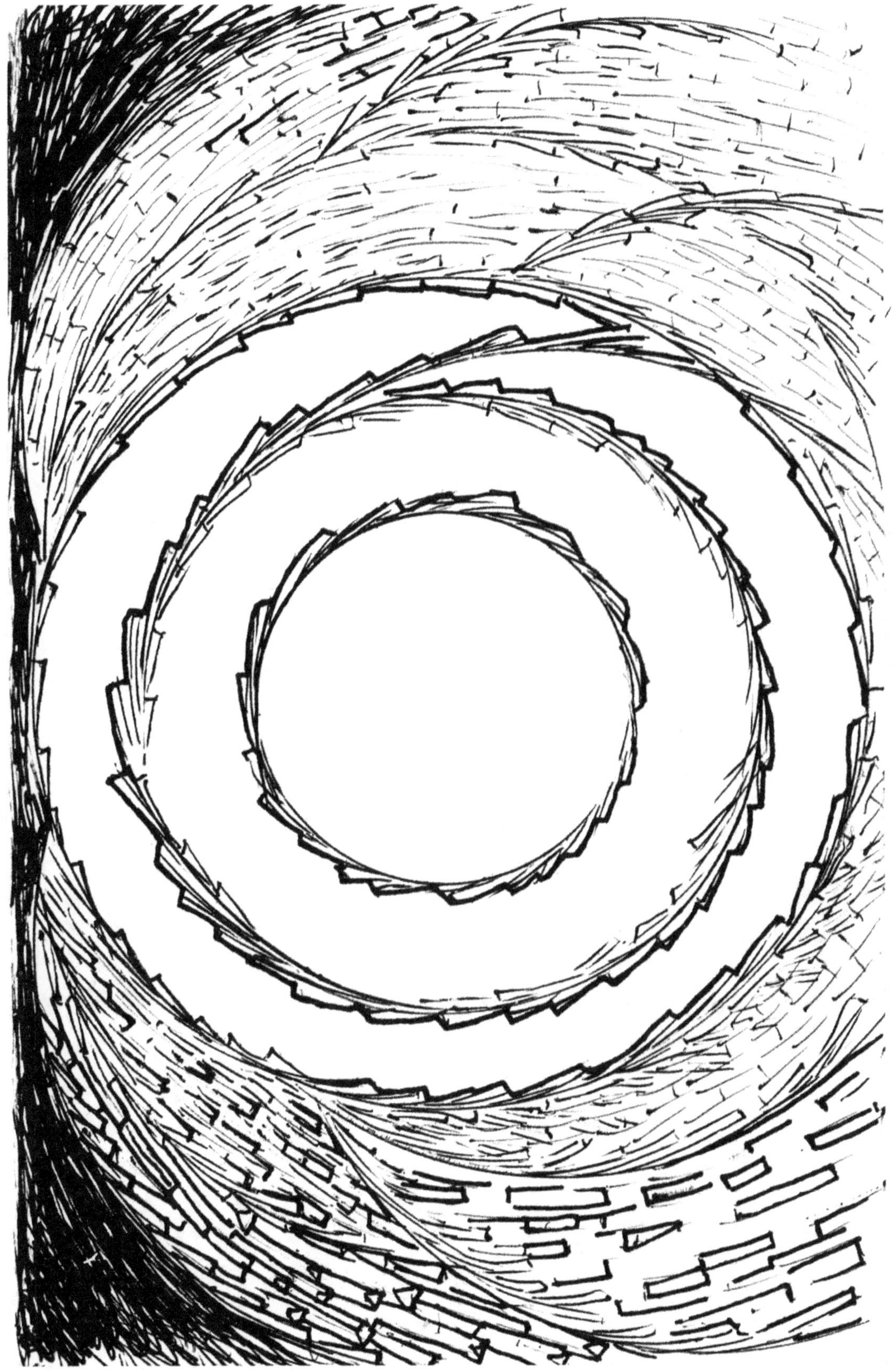

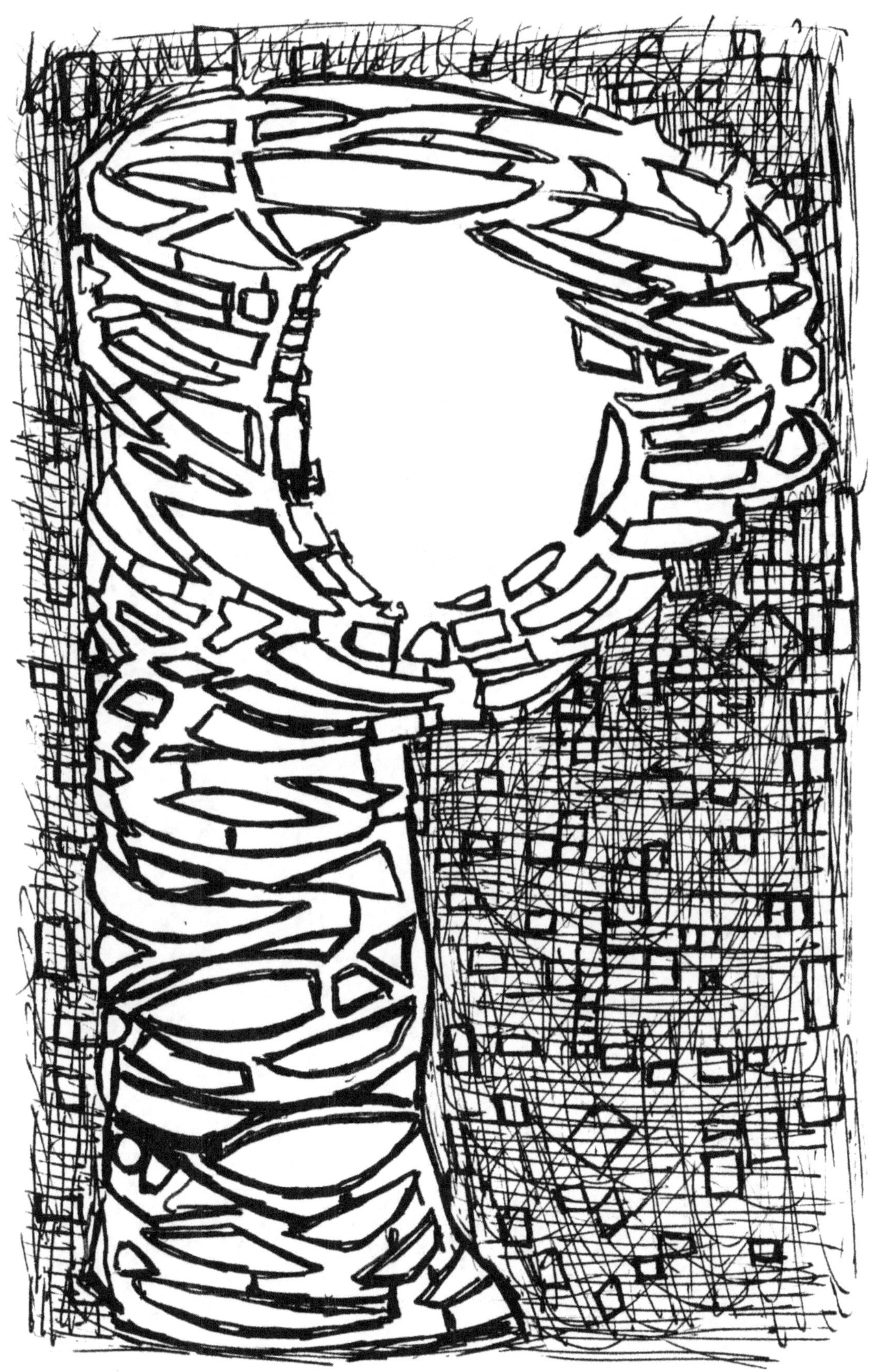

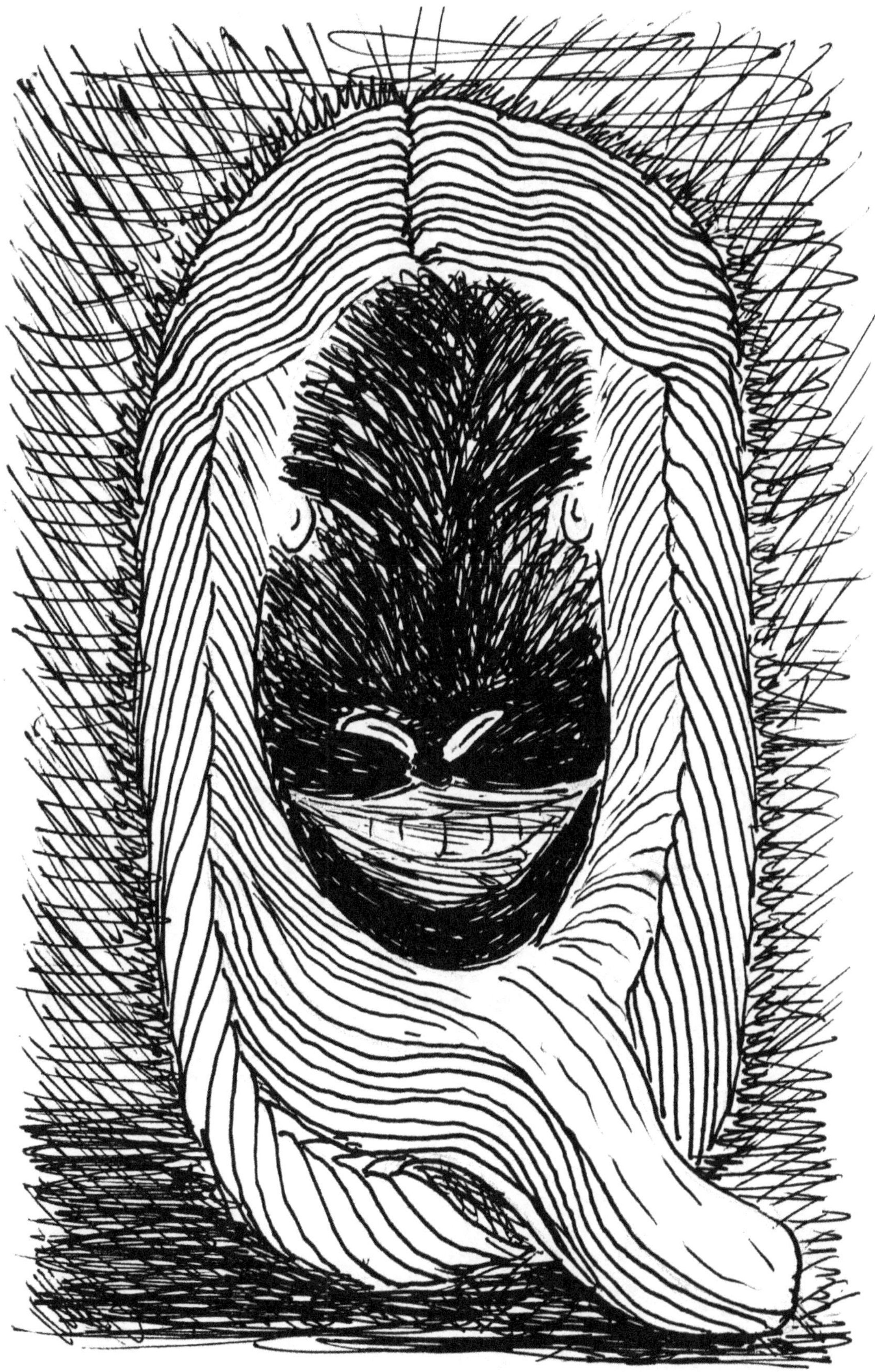

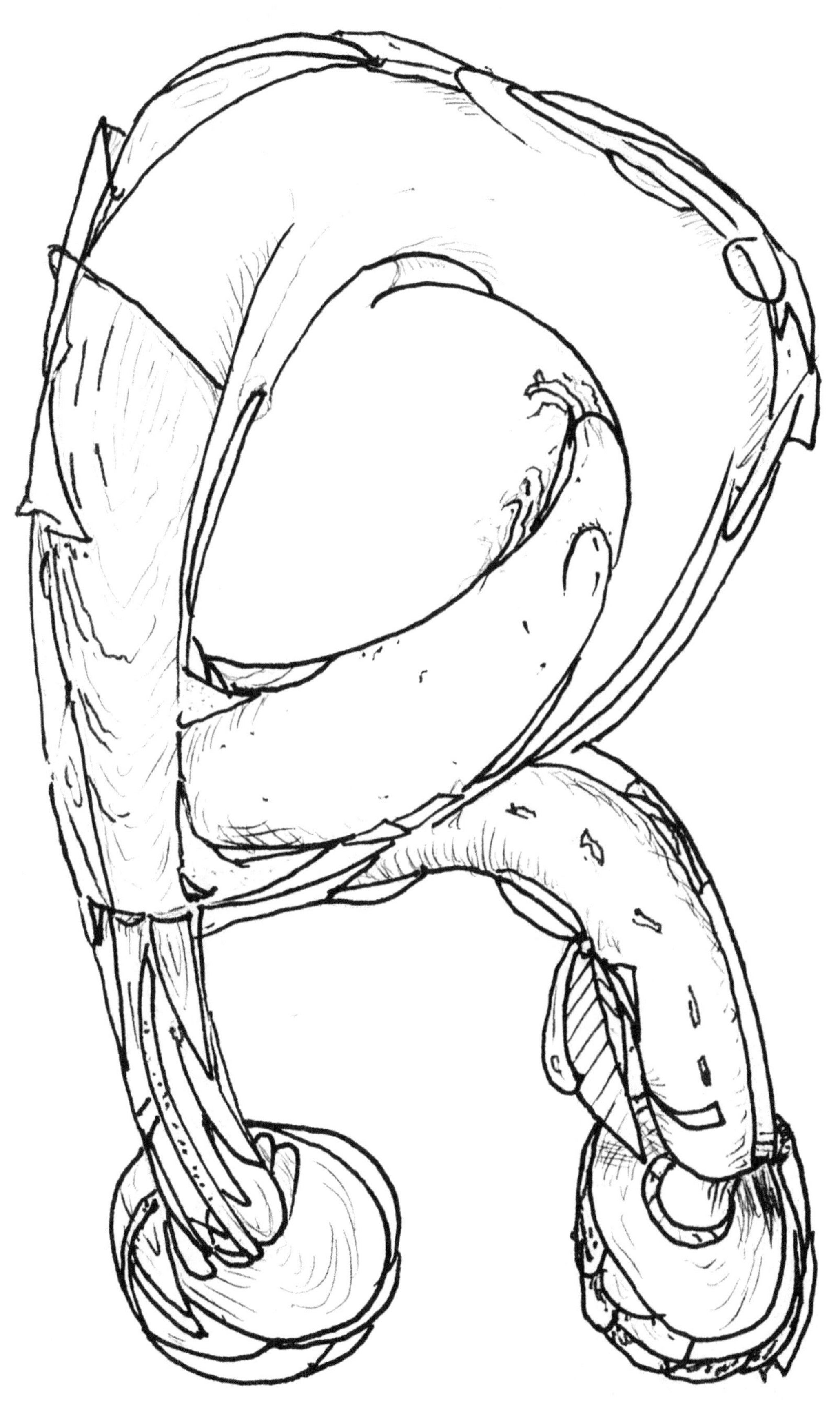

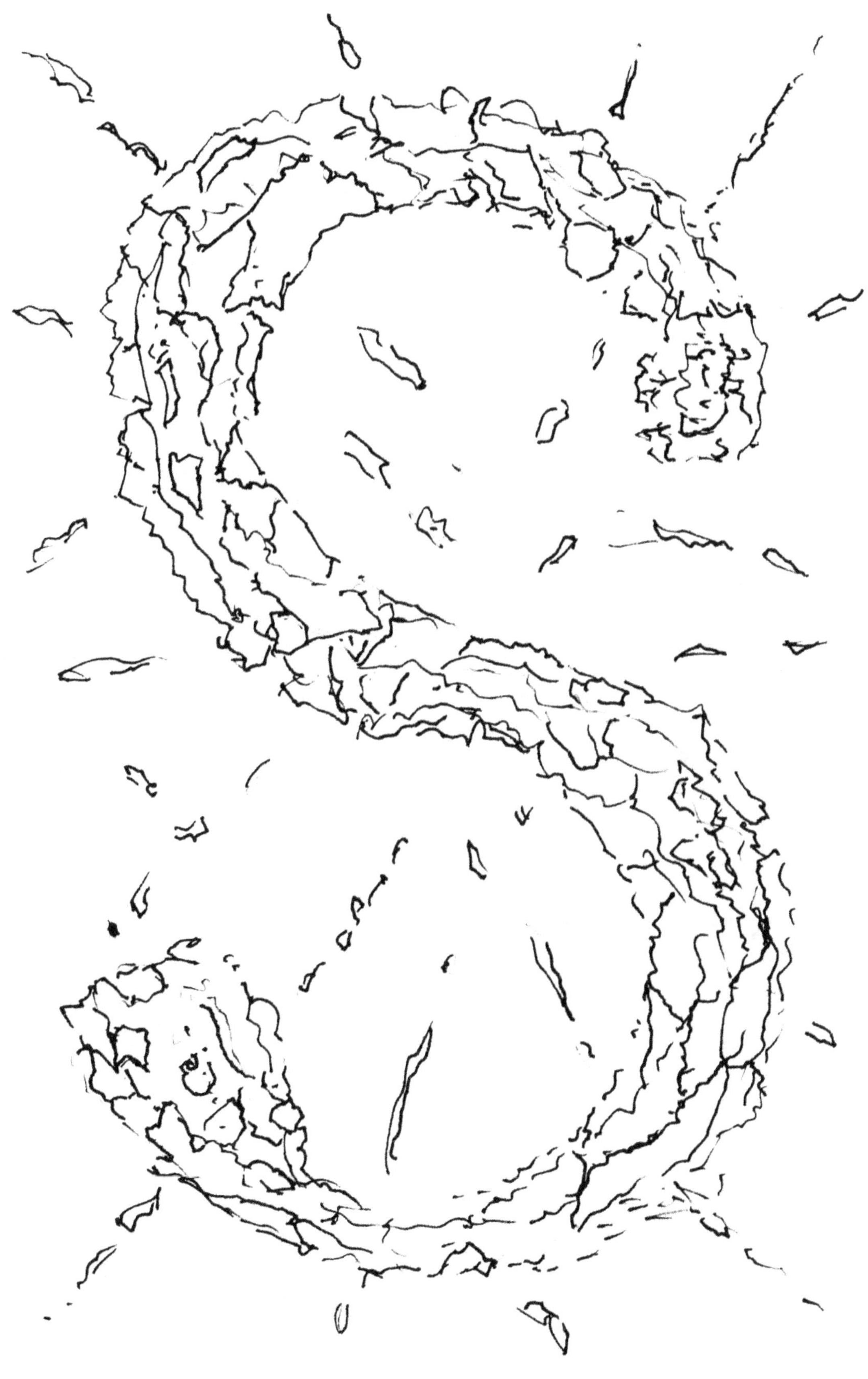

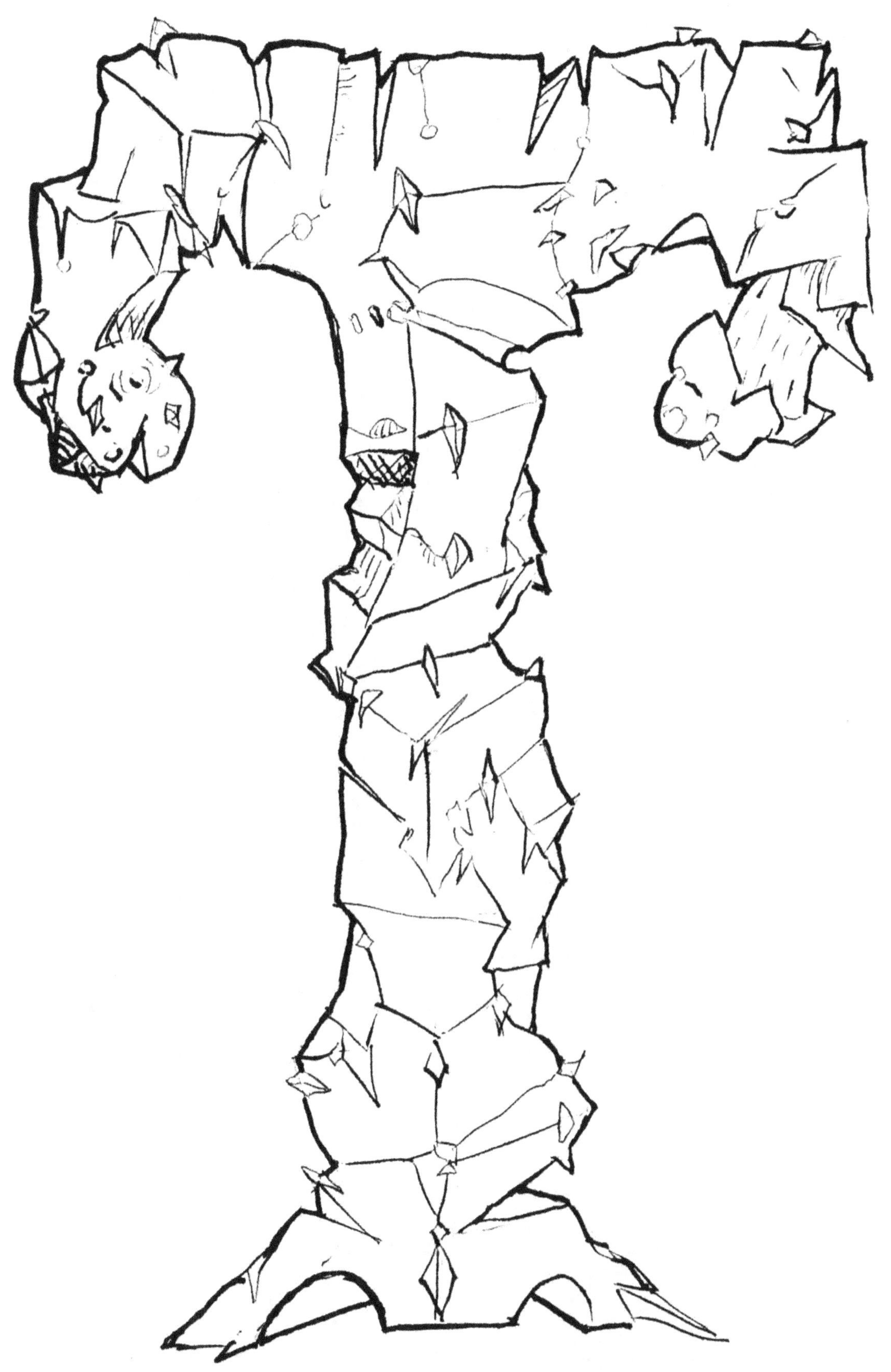

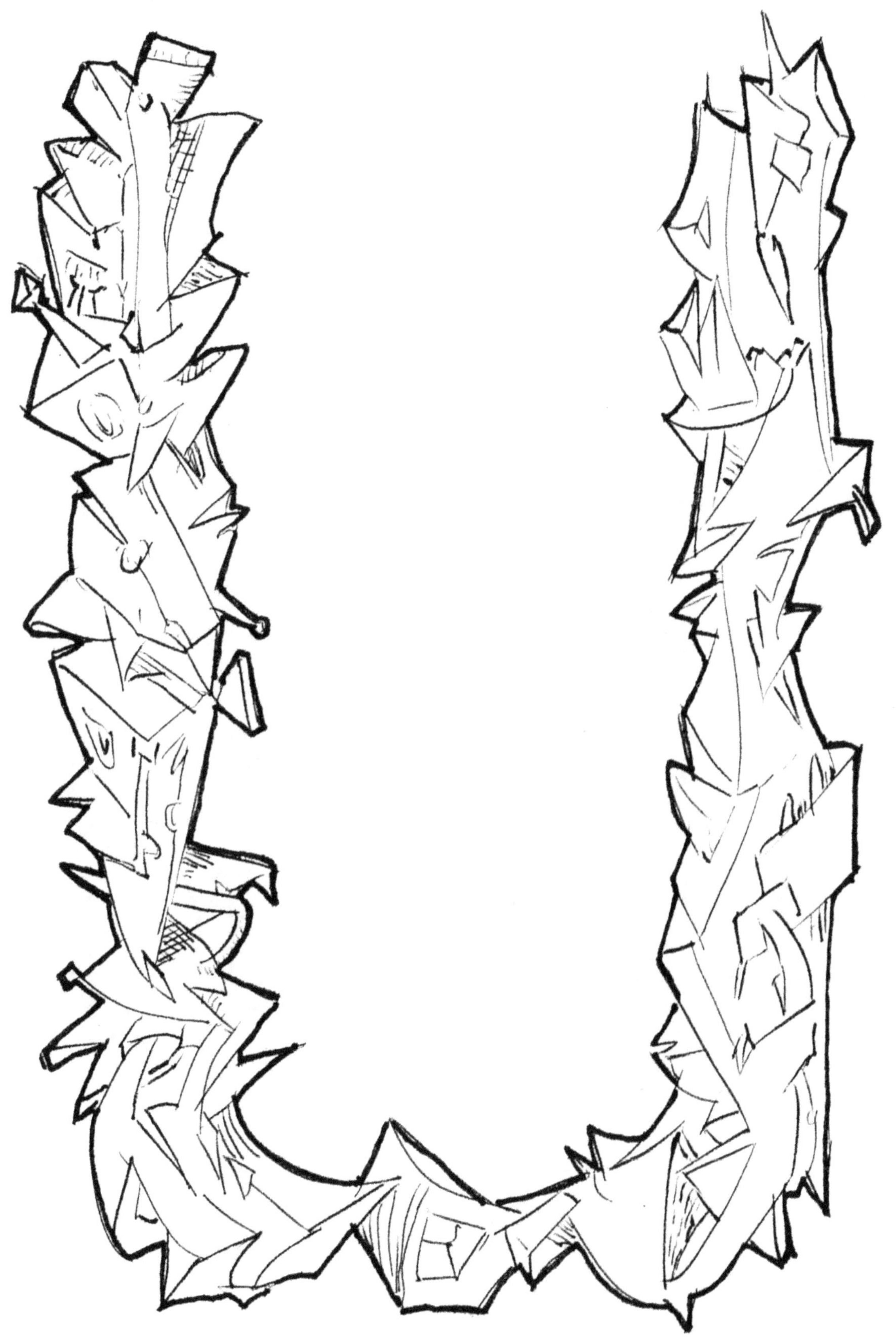

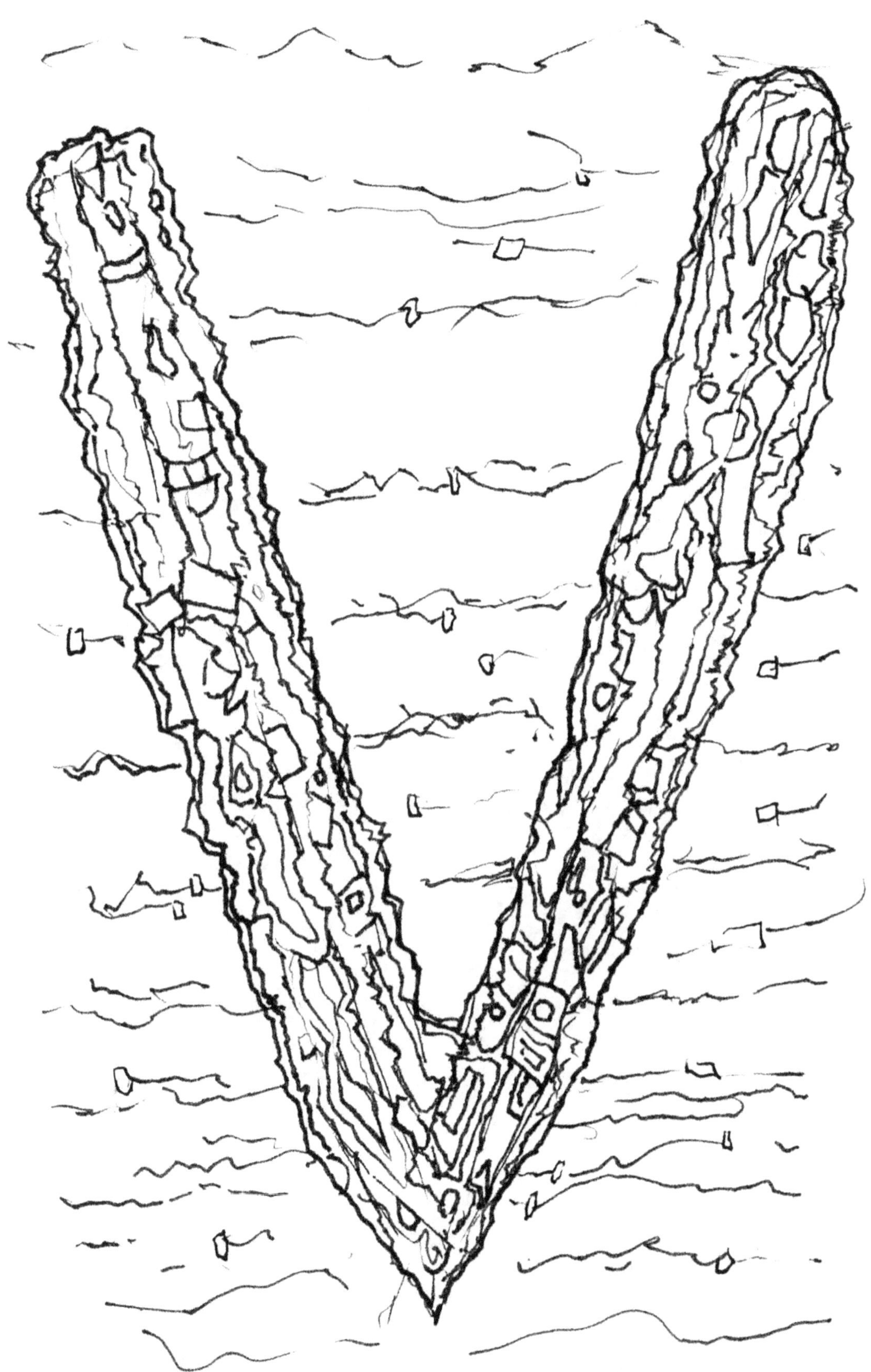

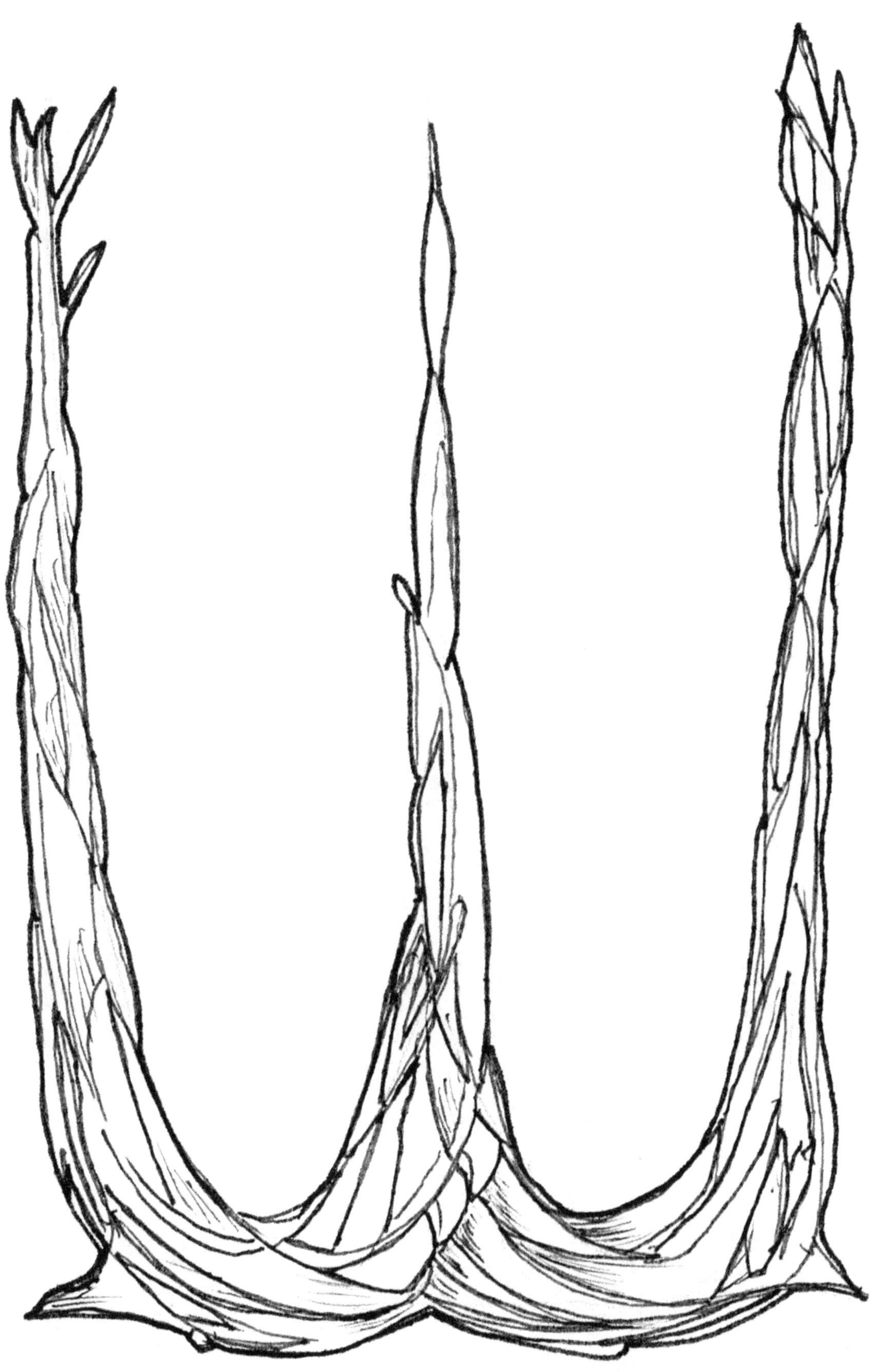

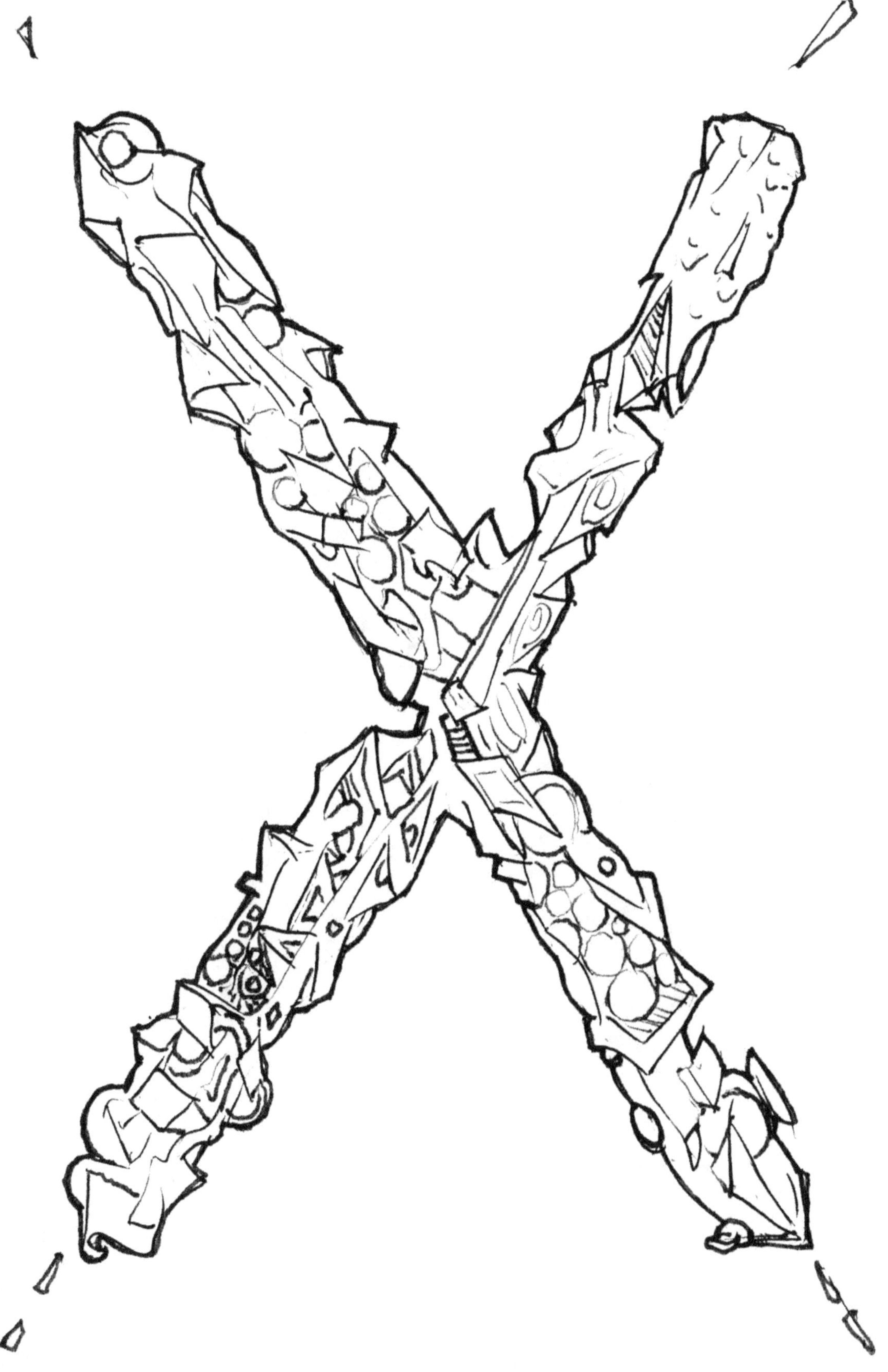

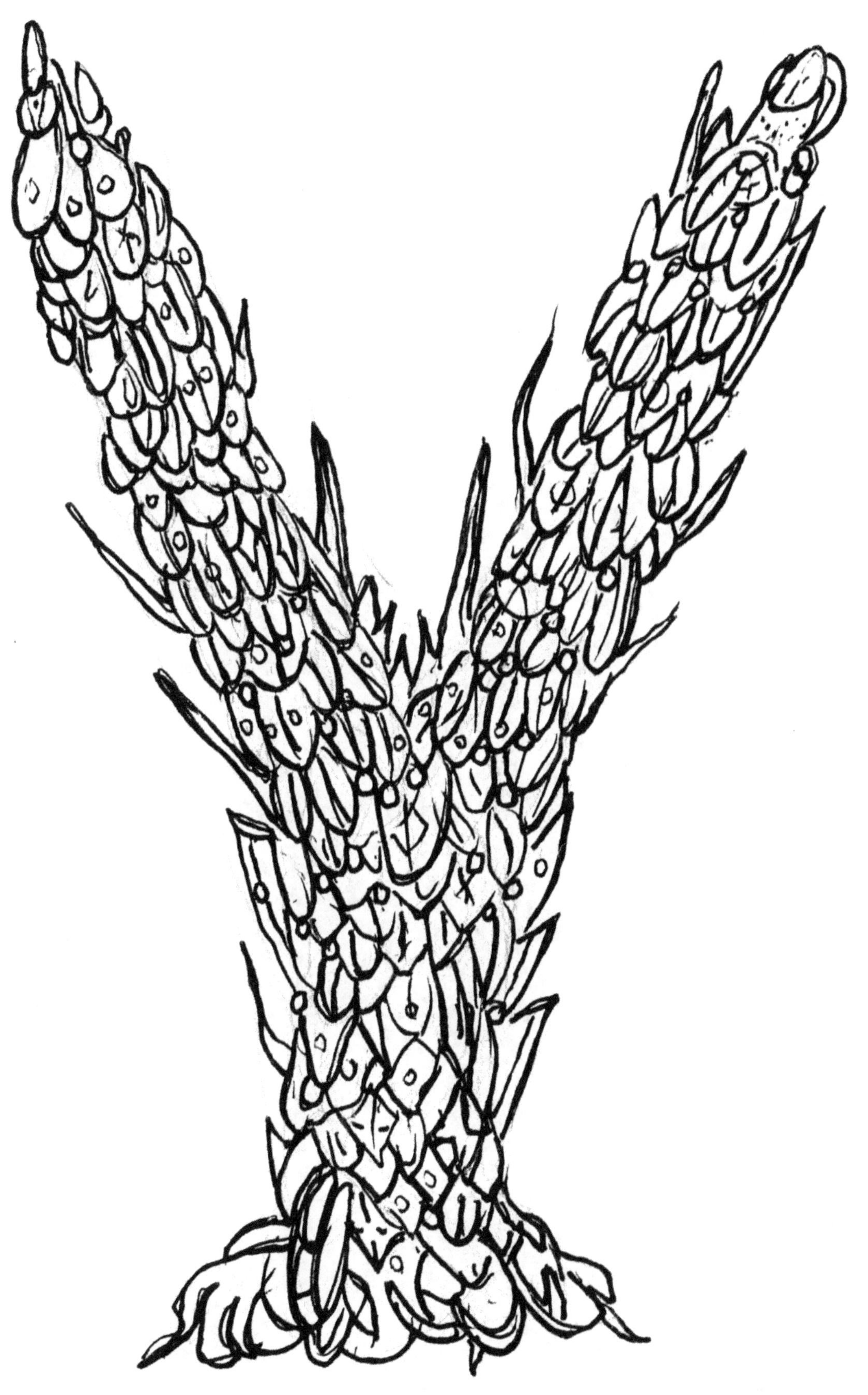

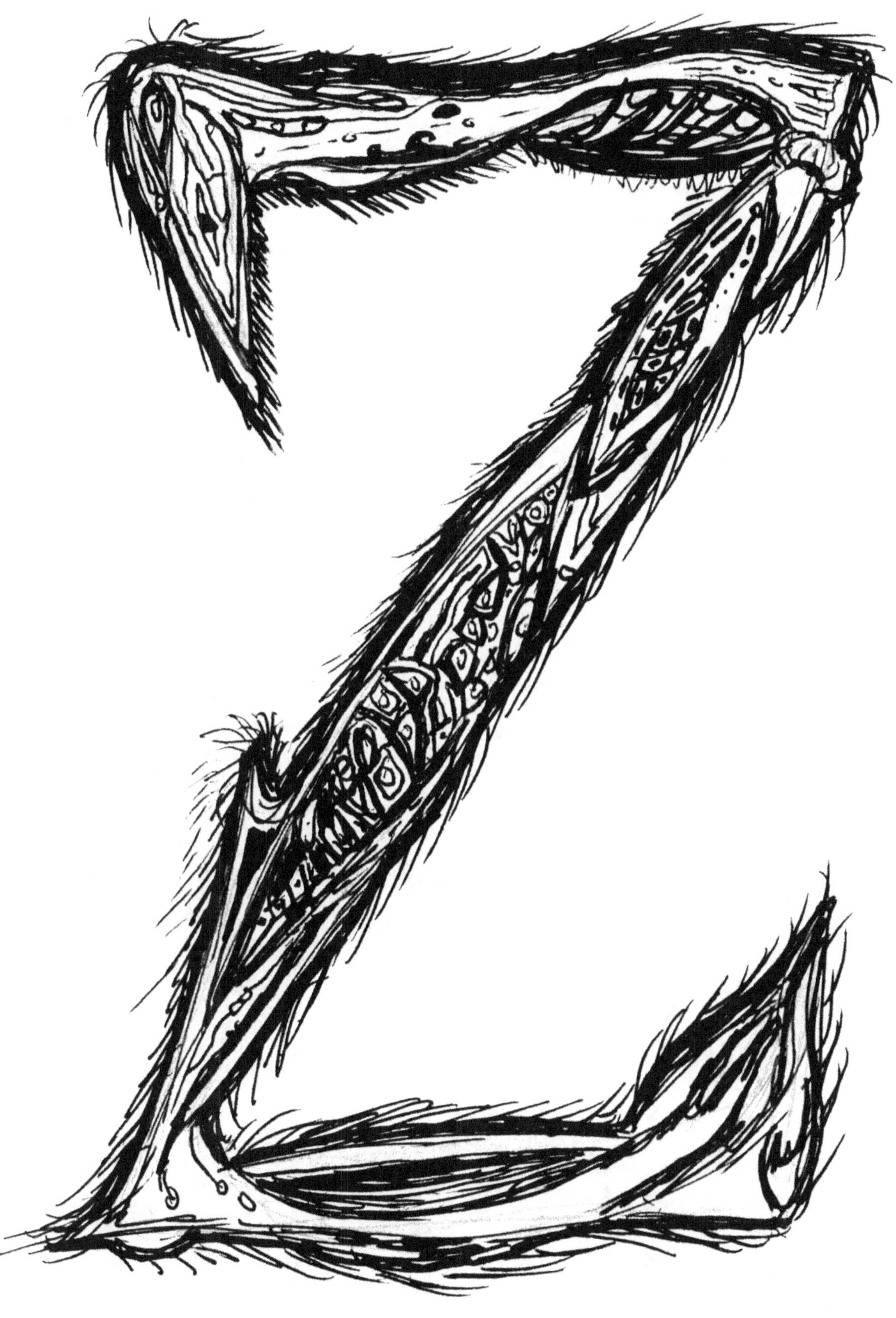